BEI GRIN MACHT SICH IHR
WISSEN BEZAHLT

Anne Graefen

E-Commerce. Eine Lernzusammenfassung für die Arbeitslehre

GRIN Verlag

Bibliografische Information der Deutschen Nationalbibliothek:

Die Deutsche Bibliothek verzeichnet diese Publikation in der Deutschen National-bibliografie; detaillierte bibliografische Daten sind im Internet über http://dnb.d-nb.de/ abrufbar.

Impressum:

Copyright © 2006 GRIN Verlag GmbH
Druck und Bindung: Books on Demand GmbH, Norderstedt Germany
ISBN: 978-3-656-71475-0

Dieses Buch bei GRIN:

http://www.grin.com/de/e-book/278413/e-commerce-eine-lernzusammenfassung-fuer-die-arbeitslehre

GRIN - Your knowledge has value

Der GRIN Verlag publiziert seit 1998 wissenschaftliche Arbeiten von Studenten, Hochschullehrern und anderen Akademikern als eBook und gedrucktes Buch. Die Verlagswebsite www.grin.com ist die ideale Plattform zur Veröffentlichung von Hausarbeiten, Abschlussarbeiten, wissenschaftlichen Aufsätzen, Dissertationen und Fachbüchern.

Vorbemerkungen (Zitate zum Thema E-Commerce)

"Dem E-Commerce fehlen die Gerüche, die Klangkulissen, die Tiefe des Raumes, das Bad in der Menge, die quirlige Atmosphäre." (Stephan Grünewald. Diplom-Psychologe des Kölner Instituts Rheingold)

"Es gibt kein Geschäft, das so gemein wäre, dass nicht sofort ein anderer es macht, wenn man darauf verzichtet." (Bertolt Brecht)

"Je mehr die Internet-Wirtschaft wächst, desto mehr Gesocks tummelt sich in der digitalen Welt." (Christopher Fischer, Hacker-Jäger von der Firma "Die Jäger")

"Die Party ist nicht vorbei, doch der größte Teil des Kuchens und die Eiscreme sind schon weg." (Robert Reich, Ex-US-Finanzminister, zum Geschäft mit dem Internet)

"'e' steht nicht für 'ersetzt'." (Bernd Lehmkuhl, Leiter New Media bei der AXA Colonia)

Definitionen und Begriffsinhalt

Die Werbekampagne von IBM im Jahre 1998 setzte auf den seit etwa 1995 verwendeten Begriff des "E-Commerce", welcher heute als Teilgebiet des E-Business gesehen wird.

Def. 1: *Teilbereich des E-Business*, der diejenigen Transaktionen auf einem Markt umfasst, durch die der *Austausch von wirtschaftlichen Gütern* gegen Entgelt begründet wird und bei denen nicht nur das Angebot elektronisch offeriert, sondern auch die Bestellung (bzw. Inanspruchnahme) elektronisch unter Verwendung interaktiver Medien ohne Medienbruch erfolgt

Def. 2: *Anbahnung* und / oder Abwicklung von *Markttransaktionen* über Online-Systeme, insb. das Internet

Def. 3: sämtliche *Geschäftsvorgänge*, die zwischen Herstellern, Lieferanten, Kunden, Auftraggebern oder anderen Geschäftspartnern online ablaufen

Def. 4: *Handelsgeschäfte*, die auf *öffentlich zugänglichen Märkten* und über ein interaktives elektronisches Medium abgeschlossen werden

Def. 5: alle Methoden der Abwicklung von Geschäften und administrativen Vorgängen über interaktive Kanäle, insbesondere das Internet.

- elektronischer Handel mit Waren und Dienstleistungen
- elektronisches Angebot und elektronische Bestellung (Häufig auch Bezahlung)

M-Commerce: Teilgebiet des E-Commerce, wobei die Geschäftsprozesse mit Hilfe von mobilen Kommunikationstechnologien (mobile Endgeräte: z.B. Handys) abgewickelt werden. Trotz viel versprechender Prognosen sind die Umsätze in diesem Bereich aber noch nicht bedeutend.

Merkmale des E-Commerce
- Weitgehend <u>automatisiert</u>
- <u>Phasen der Geschäfts-Transaktionen</u>: Anbahnung (Informationsphase), Aushandlung (Verhandlungsphase), Vereinbarungsphase, Abwicklung (Realisierungsphase) u. Nutzungsphase (nachfolgende Betreuung)
- <u>Wirtschaftssubjekte</u> als Verhandlungspartner (private Haushalte, kommerzielle Unternehmen, öffentliche Einrichtungen)
- <u>interaktives elektronisches Medium</u> (meist Internet)
- Möglichkeit der Nutzung des <u>weltweiten Markts</u> (Geschäfte nicht nur auf lokaler Ebene: Sprachschwierigkeiten, anderer Rechtsraum)
- <u>Ergänzung</u> zum Angebot im Laden
- <u>Ziel</u>: Verbesserung des ökonomischen Nutzens

Unterschiede zum klassischen Verkauf

Formen und Marktbereiche des E-Commerce

1. B2B (business to business):
- Geschäftsprozesse **zwischen Unternehmen** (Herstellern, Händlern usw.)
- Diese Form nimmt mit ca. **80%** den größten Teil des E-Commerce ein
- Vernetzung mit Zulieferern, Kunden und Transporteuren bietet den Unternehmen erhebliche Kostenvorteile; Effizientere Abwicklung (schneller und kostengünstiger); große Einsparpotentiale bzgl. Zeit, Kosten (Zentralisierung, keine Filialen, Lagerkosten werden minimiert) u. Personal (weniger Mitarbeiter)
- Betreiben von **Portalen** oder sogenannten **Marktplätzen** / platforms (branchenspezifisch = vertikale MP oder branchenübergreifend = horizontale MP)
- wesentlich höhere Transaktionswerte; Bereitstellung von Spezialkatalogen

2. B2C (business to consumer):
- Handelsgeschäfte **zwischen Unternehmen und Verbrauchern (Endkunden)**
- Beinhaltet Prozesse der Informationssuche, Preisvergleiche, Vereinbarungsphase (Vertragsabschluss) sowie ggf. auch Realisierungsphase (Bezahlung u. Lieferung)
- Online-Shopping abhängig von Internetzugang, technischem Grundverständnis, Bereitschaft u. Vertrauen
- Verbraucher tendieren zum **„Channel-hopping"**, d.h. Wechsel des Mediums Internet, Telefon, Katalog, vor-Ort-Geschäft oder Großhandel, z.T. auch TV-Shopping; Nutzung des Internet oft nur zum Preisvergleich, Beratung im Fachgeschäft u. Kauf eher im Discounter

3. C2C (consumer to consumer):
- Handel von Gütern (meist Gebrauchtwaren aber auch Dienstleistungen) zwischen Privatpersonen
- Beispiele: Internetauktionen wie z.b. ebay, Tauschbörsen oder Kleinanzeigenmärkte.

4. B2G: Business to government
- Geschäftsprozesse zwischen Unternehmen u. der öffentlichen Hand, v.a. im Ausschreibungs- u. Angebotsverfahren (z.b. öffentliche Baumaßnahmen)

Aktuelle Nutzung (Internet und E-Commerce) und Tendenzen

E-commerce gewinnt aufgrund der immer größeren Verfügbarkeit des Internets in Europa zunehmend an Bedeutung für den Konsumgüterverkauf.

Internetnutzung im Jahr 2005
- Onliner: Ca. 55 % Prozent der Deutschen
- Stetige, aber immer langsamer steigende Internetnutzung
- Starker Anstieg in der Altersgruppe 50plus
- Verhältnis Männer : Frauen = 55 : 45
- DSL: 38 %, ISDN: 28 %, Modem: 20 %
- Offliner: vermehrt Frauen, mit geringer formaler Bildung, Durchschnittsalter: 60 Jahre

Umgang des Verbrauchers mit E-Commerce

Nutzungsverhalten privater Haushalte
www.europa.eu.int (2004): Der elektronische Geschäftsverkehr hat sich in der Europäischen Union noch nicht durchgesetzt, nur 16 % der Bürger nutzen die Möglichkeiten. Und die Verbraucher haben Bedenken hinsichtlich der Nutzung des elektronischen Markts. Einer von vier Verbrauchern (25 %), die den elektronischen Geschäftsverkehr (e-commerce) nicht nutzen, hat kein Vertrauen in das Medium selbst. Dies sind die wichtigsten Ergebnisse einer Eurobarometer-Umfrage
- Internetnutzung vorwiegend (ca. 4/5) für Informationszwecke
- Anteil für Online-Shopping zwar stetig steigend, aber rückläufige Zuwachsraten, z.Z. etwa 1/3 der Haushalte; Artikel Uni Trier: Unter den Online-Nutzern haben ca. 2/3 Erfahrungen mit Online-Käufen und – Buchungen
- Heutige Kernzielgruppe: 40- bis 49-Jährige als stärkste Käufergruppe (Handelsblatt, 10.3.06); vor allem Berufstätige in Führungspositionen
- Jüngere hingegen machen gerne bei Onlineauktionen mit und haben mit 6% die geringsten Sicherheitsbedenken

- Frauen: sind treuer; haben Lieblingsadressen, die sie regelmäßig abklappern (Handelsblatt)
- Männer: sind Schnäppchenjäger und möchten die Ware so schnell wie möglich bekommen
- Beliebteste Produkte (größte Umsatzanteile): Bücher, Tonträger, Software u. Computerzubehör, Fahrkarten u. Reisen, Kleidung, Eintrittskarten
- Tendenz zum „Channel-Hopping", d.h. Käufe mal online, mal konventionell, oft nur Preisvergleich und Info-Suche im Netz und Kauf vor Ort
- Nach wie vor ungleichmäßige Verteilung zwischen alten und neuen Bundesländern, zwischen Männern u. Frauen, zwischen jungen u. älteren Nutzern.
- Große internationale Unterschiede, auch zwischen den reicheren Industrieländern: USA > Europa, dort Skandinavien > Deutschland > Südeuropa (letztere aber große Zuwachsraten)
- Herausragende Rolle des C2C-Commerce seit 2001/02: Online-Auktionen immer beliebter, e-bay enorme Umsätze
- Im B2B-Bereich nach wie vor sehr hohe Nutzungsdichte, große Einsparmöglichkeiten bzgl. Zeit, Kosten u. Personal möglich, Vollautomatisierung setzt sich im Angebots- u. Bestellwesen fort.
- Abhängigkeit vom Produkt:
- Zahlungsbereitschaft:

Was sollen die zwei letzten Punkte?

Vor- u. Nachteile

Für den Anbieter

Vorteile:
- Überblick über Angebot von Zulieferern und entsprechender Preisvergleich (MP u. Portale)
- Kostengünstige, schnelle und effektive Bestellabwicklung bei Lieferanten
- z.T. Zwischenhändler zu umgehen, Direktabwicklung mit Herstellern
- Info- u. Warenangebot schnell zu aktualisieren/ verändern
- Angebots- und Geschäftsbedingungen schnell anzupassen
- Erreichbarkeit der Kunden zeit- u. personalunabhängig (verbesserte Distributionsmöglichkeiten, verringerte Kosten für Erstkontakt)
- schnelle u. unkomplizierte Kontaktaufnahme per Mail
- professionelles Auftreten über Homepage (Image, Profil)
- (Lock-) Angebote auch für potentielle Kunden außerhalb der Region (Steigerung der Wettbewerbsfähigkeit)
- Unterbreiten eines größeren Warenangebotes

Nachteile:
- ständige Betreuung des e-mail-accounts notwendig
- ggf. höherer Preisdruck (im Netz präsente Konkurrenz)
- Anfangsinvestition in Erstellung von website, Schulung der Mitarbeiter, Umstrukturierung von Betriebsabläufen

4

- rechtliche Lage = Verbraucherschutz: bei schlechter Zahlungsmoral hohe Ausstände vorhersehbar, ebenso bei Betrug

Für den Konsumenten (user)

Vorteile:
- Unabhängigkeit von Öffnungszeiten (24h am Tag), Wegen, regionalem Angebot
- Relativ stressfreier u. zeitsparender Einkauf (auch Fahrkosten entfallen)
- Unabhängiger Preisvergleich möglich (Markttransparenz)
- Überblick über Warensortiment, mehr Auswahl (dann evtl. Channel-Hopping)
- Anonymität möglich
- Profitieren durch Vielzahl der Anbieter u. Preiskampf (verbessertes Dienstleistungsangebot, attraktivere Preise)
- Hauslieferung aller möglichen Produkte möglich

Nachteile:
- Kunde kann Ware nicht anfassen, nicht riechen, nicht hören usw. (Verlust der Atmosphäre eines realen Geschäfts)
- Unübersichtlichkeit der Angebote: „information overload"
- Kundennummer und Passwort müssen überall verfügbar sein
- Fehlende Möglichkeit der Qualitätsprüfung (z.B. Farbe, Stoff)
- Ungewissheit bzgl. Geschäftsbedingungen, Rückgaberecht, Garantien, Lieferkosten u. -frist, Datenschutz, wenig Möglichkeiten zur Überprüfung der Seriosität von Anbietern
- Risiken bei best. Zahlungsarten (Vorkasse)
- Besondere Risiken bei Käufen bei ausländischen Anbietern (Zollgebühren, hohe Versandkosten)
- Undurchsichtige Pauschalen von Verpackung und Porto (Informationen sind häufig versteckt) hält ca. 24 % der Onliner von Käufen über's Internet ab (Handelsblatt); besonders bei dem Kauf von günstigen Produkten können die Versandkosten über der Zahlungssumme der eigentlichen Produkte liegen
- Möglichkeit von Viren, Würmern, Trojanern, Phishing, Popup-hell u.v.a.
- Anfangsinvestition in PC u. Modem/ ISDN, laufende Kosten für das Surfen
- Häufig fehlende Aussagen über Verfügbarkeit des Produkts und genauen Liefertermin
- Oft lange Lieferfristen
- Suchfunktionen der Anbieter meist mangelhaft, zeitaufwändig (Kunde verliert die Geduld, weil alles zu viele Clicks erfordert)
- Konfrontation mit Werbung

Jeder vierte Internetkauf wird abgebrochen; viele davon sogar erst im letzten Moment

Verkaufsformen im Internet

1) Onlineshop
   - Auswahl und Bestellung geschehen online
   - Bsp.: Amazon, Versandhäuser (Quelle, Karstadt,...), Einzelhändler (Stadtmühle Geisingen)
2) Auktionen
   - Unternehmen versteigern Ware an Verbraucher
   - Verbraucher versteigen Ware untereinander
   - Bsp. Ebay (gewerbliche und private Nutzer)
3) Reverse Auktionen
   - Konsumenten definieren das gewünschte Produkt und den maximalen Preis. Verkäufer unterbieten sich gegenseitig.
   - Bsp. Letsworkit.de
4) Preisagenturen
   - Konsumenten forschen in einer speziellen Suchmaschine nach dem günstigsten Anbieten (ermöglicht Markttransparenz)
   - Achtung: einige Preissuchagenturen nehmen teilw. Provision: z.B. fly.de)
   - Bsp. Reisesuchmaschine.de, billiger.de, expedia.de
5) Private Tauschbörsen
   - z.B. für Kinderkleidung, Dienstleistungen (www.dienstleistungen-kostenlos.de, www.getsync.de, www.tauschring-bielefeld.de,...)
6) Kleinanzeigenmärkte
   - Verkauf von gebrauchte Waren, Angebot von Dienstleistungen
   - Bsp.: zweitehand.de, zweite-hand.de

7) Powershopping / Co-Shopping
   - Verbraucher sammeln ihre Einkaufswünsche auf bestimmten www-Portalen und drücken aufgrund von größerer Abnahmemengen den Preis
   - Wurde wegen Verstoß gegen das Rabattgesetz verboten
   - 2000/2001: z.B. www.coshopper.de, www.letsbuyit.de

Rechtliche Bestimmungen und Verbraucherschutz

1. Teledienstgesetz „TDG"
Zweck des Gesetzes ist es, einheitliche wirtschaftliche Rahmenbedingungen für die verschiedenen Nutzungsmöglichkeiten der elektronischen Informations- und Kommunikationsdienste zu schaffen.

1.1 Problem der Anbieterkennzeichnung
Seit 2002 muss jede gewerbliche Homepage eine erweiterte Anbieterkennzeichnung enthalten. Das Teledienstgesetz (TDG) bestimmt, was anzugeben ist; es verlangt, dass die Pflichtangaben „leicht erkennbar, unmittelbar erreichbar und ständig verfügbar" (TDG)sind.

Folgende Angaben müssen gemacht werden (http://www.teledienstgesetz.de):
1. Name, Anschrift, unter der sie niedergelassen sind, und ggf. Vertretungsberechtigter; wichtig: Herkunftsland
2. Angaben zur schnellen elektronischen u./o. telefonischen Kontaktaufnahme
3. ggf. zuständige Aufsichtsbehörde (bei Notwendigkeit der behördlichen Zulassung)
4. das Handelsregister, Vereinsregister, Partnerschaftsregister oder Genossenschaftsregister und die entsprechende Registernummer,
5. a) ggf. die Kammer, der die Dienstanbieter angehören
   b) die gesetzliche Berufsbezeichnung und den Staat, in dem die Berufsbezeichnung verliehen worden ist,
   c) die Bezeichnung der berufsrechtlichen Regelungen und dazu, wie diese zugänglich sind,
6. ggf. Umsatzsteueridentifikationsnummer nach § 27a des Umsatzsteuergesetzes

- Oftmals ist das Auffinden der Anbieterkennzeichnung ein Problem, die Kennzeichnung kann stehen unter: Impressum, about us, contact us, Information, Help, Service oder Index
- Muss(eigentlich) leicht erkennbar und „one click away" erreichbar sein

Ziele der Kennzeichnung:
- eindeutige Information durch Namens- und Adressangaben → liefern Anhaltspunkte für Rahmenbedingungen, z.B. das geltende Recht, Folgekosten)
- im Fall der Geltendmachung von Gewährleistungsrechten (Rücksendung) ist eine Anbieteranschrift vorhanden
- im Fall einer Klage ist eine ladungsfähige Adresse vorhanden

1.2 Herkunftslandprinzip ???

1.3 Info über Liefer- u. Versandkosten ???

2. Signaturgesetz

Bedeutung der elektronischen Signatur

Die Entwicklung der Informations- und Kommunikationstechnik eröffnet neue Möglichkeiten des Informationsaustausches und der wirtschaftlichen Betätigung. Warenbestellungen, Zahlungsanweisungen an Banken, Anträge oder Einsprüche bei Behörden, die Übermittlung sensitiver Daten im medizinischen Bereich und eine Vielzahl weiterer Kommunikationsbeziehungen sowohl in formfreien als auch in formgebundenen öffentlich-rechtlichen Bereichen, die in der Vergangenheit über Papier abgewickelt wurden, erfolgen bereits zu einem großen Teil auf elektronischem Wege. Dies gilt auch für die Dokumentation von Daten, z.B. im Hinblick auf die Produkthaftung oder im Medizinbereich. Neu hinzu kommen multimediale Anwendungen.

Da sich die Dokumentationserstellung, Kommunikation und Archivierung auf der Basis digitaler Daten etabliert hat und expandiert, ergibt sich der dringende Bedarf nach einer digitalen Lösung, die einerseits den Anforderungen einer offenen Kommunikation (in der sich die Teilnehmer nicht kennen müssen) gerecht wird, bei der andererseits zuverlässig auf den Urheber geschlossen werden kann und die Daten vor unbemerkter Veränderung geschützt sind. Diese Forderungen erfüllt die gesetzliche "qualifizierte" elektronische Signatur.

Funktionsweise der qualifizierten elektronischen Signatur

Eine qualifizierte elektronische Signatur ist eine Art von Siegel zu digitalen Daten. Sie wird unter Einsatz mathematischer Verfahren mit Hilfe eines privaten kryptographischen Schlüssels erzeugt. Mit Hilfe des dazugehörigen öffentlichen Schlüssels kann die Signatur jederzeit überprüft und damit der Signaturschlüssel-Inhaber und die Unverfälschtheit der Daten festgestellt werden.

Die jeweils einmaligen Schlüsselpaare (privater und öffentlicher Schlüssel) werden durch anerkannte Stellen natürlichen Personen fest zugeordnet. Die Zuordnung wird durch ein Signaturschlüssel-Zertifikat beglaubigt. Es handelt sich dabei um ein signiertes "digitales Dokument", das den jeweiligen öffentlichen Schlüssel sowie den Namen der Person, der er zugeordnet ist, oder ein Pseudonym enthält. Das Zertifikat erhält der Signaturschlüssel-Inhaber, so daß er es signierten Daten für deren Überprüfung beifügen kann. Darüber hinaus ist es über öffentlich erreichbare Telekommunikationsverbindungen (z. B. Internet) jederzeit für jedermann nachprüfbar.

Der breite Einsatz von elektronischen Signaturverfahren erfordert eine zuverlässige und effektive Sicherheitsinfrastruktur für die Zuordnung der Signaturschlüssel durch Zertifikate (Zertifizierungsdiensteanbieter) sowie sichere technische Komponenten. Weiter müssen die Signaturschlüssel-Inhaber darüber unterrichtet sein, welche Maßnahmen sie in ihrem eigenen Interesse für sichere elektronische Signaturen zu treffen haben.

Unterstützung bei Fragen zur elektronischen Signatur erhalten Sie bei...

Bundesamt für Sicherheit
in der Informationstechnik
Postfach 20 06 63
53133 Bonn
E-Mail: digsig@bsi.bund.de

3. BGB

- Unterrichtungspflicht (Schutz vor Informationsdefiziten: ausführliche Produktinfo einschließlich Endpreis anzugeben)
- Widerrufs- u. Rückgaberecht

http://www.ratgeberrecht.de: Für den Bereich des Internetshopping gibt es ab dem ersten Juli jetzt mehr Rechtssicherheit. Dann tritt das runderneuerte Fernabsatzgeschäft in Kraft, das u.a. auch den Handel im Internet regelt. Die Arbeitsgemeinschaft der Verbraucherverbände in Bonn lobt dieses Gesetz als "Meilenstein im Verbraucherschutz", denn der Gesetzgeber hat endlich klare Richtlinien und Neuerungen für den sog. E-commerce festgeschrieben.

So wird z.B. das Widerrufsrecht für die meisten Waren statt bisher 7 Tage auf jetzt 14 Tage verlängert. Alle mit der eventuellen Rücksendung von Waren anfallenden Kosten muss der Anbieter tragen. Auch die Bedingungen für den Kauf müssen detailliert und unmissverständlich erläutert werden: Zum Beispiel, wie viel Porto und sonstige Kosten zu dem Kaufpreis hinzugerechnet werden müssen. Ohne genaue Anschrift des Verkäufers oder bei versteckten "Allgemeinen Geschäftsbedingungen" ist der Kaufvertrag ungültig. Ausführliche Informationen zum "neuen" Fernabsatzgesetz erhalten sie bei den Verbraucherzentralen.

Übrigens, hat der Gesetzgeber im besagten Fernabsatzgesetz eindeutig auch das Spamming (Massensendungen von unnützen E-Mails), und die unerlaubte E-Mailwerbung verboten.

Fernabsatzverträge (von 2000?)

1. **Definition: § 312 b Abs. 1 BGB:**

[1]Fernabsatzverträge sind

- *Verträge über die Lieferung von Waren oder über die Erbringung von Dienstleistungen, einschließlich Finanzdienstleistungen,*

- *die zwischen einem **Unternehmer** und einem **Verbraucher***

- *unter **ausschließlicher Verwendung von Fernkommunikationsmitteln***

abgeschlossen werden, es sei denn, dass der Vertragsschluss nicht im Rahmen eines für den Fernabsatz organisierten Vertriebs- oder Dienstleistungssystems erfolgt. [2]Finanzdienstleistungen im Sinne des Satzes 1 sind Bankdienstleistungen sowie Dienstleistungen im Zusammenhang mit einer Kreditgewährung, Versicherung, Altersversorgung von Einzelpersonen, Geldanlage oder Zahlung.

Im Einzelnen ist folgendes wichtig:

o Wer **Verbraucher** ist, sagt § 13 BGB:

„Verbraucher ist jede natürliche Person, die ein Rechtsgeschäft zu einem Zwecke abschließt, der weder ihrer gewerblichen noch ihrer selbständigen beruflichen Tätigkeit zugerechnet werden kann."

„Natürliche Personen" sind Menschen. Das heißt, jeder Mensch ist Verbraucher, wenn der Vertrag nicht zu seiner beruflichen Tätigkeit gehört (z.B. der Rechtsanwalt kauft einen Computer für die Kanzlei: kein Verbraucher; der Rechtsanwalt kauft ein Geburtstagsgeschenk für seine Tochter: Verbraucher).

o Wer **Unternehmer** ist, sagt § 14 BGB:

Unternehmer ist eine natürliche oder juristische Person oder eine rechtsfähige Personengesellschaft, die bei Abschluss eines Rechtsgeschäfts in Ausübung ihrer gewerblichen oder selbständigen beruflichen Tätigkeit handelt.

Das heißt: Jede Firma (GmbH, AG etc. sind juristische Personen, OHG und KG sind rechtsfähige Personengesellschaften) oder auch jeder Mensch (z.b. ein Rechtsanwalt) sind Unternehmer, wenn der Vertrag zu ihrer selbständigen beruflichen Tätigkeit gehört (siehe oben: Rechtsanwalt kauft Kanzleicomputer; Bäcker kauft Dachziegel, um das Dach seiner Bäckerei auszubessern:).

o Der Vertrag muss schließlich unter ausschließlicher Verwendung von **Fernkommunikationsmitteln** geschlossen werden. Was das für Mittel sind, sagt § 312 b Abs. 2 BGB:

Fernkommunikationsmittel sind Kommunikationsmittel, die zur Anbahnung oder zum Abschluss eines Vertrags zwischen einem Verbraucher und einem Unternehmer ohne gleichzeitige körperliche Anwesenheit der Vertragsparteien eingesetzt werden können, insbesondere **Briefe, Kataloge, Telefonanrufe, Telekopien, E-Mails** *sowie Rundfunk, Tele- und Mediendienste.*

Auf deutsch: Wer im Internet oder am Telefon einen Vertrag schließt (d.h. Sachen bestellt), verwendet Fernkommunikationsmittel.

Ein **Fernabsatzvertrag** liegt also nur vor, wenn alle **3 Voraussetzungen** gegeben sind:

1. Bestellung von Waren oder Dienstleistungen

2. von einem Verbraucher bei einem Unternehmer

3. **unter Verwendung von Fernkommunikationsmitteln.** (das ist aber die wichtigste)

---

2. **Unterrichtungspflicht**

<u>Vor Vertragsschluss</u>, d.h. bevor der Verbraucher die Waren bestellt, muss der Unternehmer ihn über bestimmte Dinge unterrichten, nämlich u.a. über:

- seine Identität

- seine Anschrift

- wesentliche Merkmale der bestellten Ware oder Dienstleistung

- ggf. die Mindestlaufzeit des Vertrags

- den Gesamtpreis der Ware oder Dienstleistung

- ggf. die Liefer- und Versandkosten

- Einzelheiten der Zahlung oder Lieferung

- ob ein Widerrufs- oder Rückgaberecht besteht (dazu noch unten).

Nach Vertragsschluss, spätestens bis zur Lieferung der bestellten Waren, muss der Unternehmer dem Verbraucher auch unterrichten über

- alles, was oben steht

- die genauen Vertragsbedingungen

- Informationen über den Kundendienst und geltende Gewährleistungs- und Garantiebedingungen.

3. Widerrufsrecht

Bei einem Fernabsatzvertrag steht dem Verbraucher ein Widerrufsrecht zu, d.h. er kann innerhalb einer **Frist von zwei Wochen** die Bestellung widerrufen. Die Frist beginnt mit dem Zeitpunkt, zu dem der Verbraucher die bestellte Ware erhalten hat. Der Widerruf muss in Textform erklärt werden, d.h. schriftlich oder per E-Mail, oder durch die Rücksendung der Ware. Vergisst der Unternehmer aber, den Verbraucher zu belehren, so beginnt die Widerrufsfrist erst dann, wenn der Unternehmer die Belehrung nachgeholt hat (z.B. mit einem Zettel bei der Lieferung); vergisst er das völlig, so kann der Verbraucher auch später noch widerrufen.

Nachdem er den Widerruf erklärt hat, ist der Kunde verpflichtet, die Ware zurückzuschicken, die **Kosten dafür trägt der Unternehmer**. Allerdings kann der Unternehmer in Allgemeinen Geschäftsbedingungen bestimmen, dass der Verbraucher die Kosten der Rücksendung für Waren, die weniger als 40 Euro kosten, trägt (könnte für amazon.de wichtig werden – machen sie aber wohl nicht, denke ich).

Bei Waren, die nach Kundenspezifikation angefertigt werden oder eindeutig auf die persönlichen Bedürfnisse des Kunden zugeschnitten ist oder die schnell verderben können (die Bio-Kiste z.B.), besteht jedoch kein Widerrufsrecht. Das wäre sonst ein viel zu hohes Risiko für den Unternehmer. Ein Widerrufsrecht besteht auch nicht bei der Bestellung von Zeitungen und Zeitschriften. Sehr wohl aber besteht es bei „Versteigerungen" auf e-bay, sofern der Verkäufer das gewerbsmäßig betreibt („Power-Seller").

4. EU-Richtlinien (v.a. 1997)

5. Informations- u. Kommunikations-Gesetz „IuKDG" (1997)
-einschl. des TKG (1996)

5.1 Telekommunikations-Gesetz „TKG"

6. Bundesdatenschutzgesetz „BDSG"
- Speicherung von personenbezogenen Daten nur in definierten Fällen o. bei Einwilligung

7. Teledienst-Datenschutz-Gesetz „TDDSG"
- z.B. Unterrichtungspflicht vor Vertragsabschluss u. Einsichtsrecht in gespeicherte Daten
- Grundsatz der „Datensparsamkeit"

Von den folgenden Angaben weiß ich nicht so recht, was zu welchem Datenschutzgesetz gehört. Vielleicht kannst Du das noch ein bisschen auseinanderklamüsern, Olli. Ich denke wir werden Herrn Steffens morgen noch mal fragen, wie ausführliche Infos wir hierzu benötigen.
Grundsätze des deutschen Datenschutzrechts:
- Personenbezogene Daten dürfen nur dann genutzt oder verarbeitet werden, wenn dies gesetzlich erlaubt ist oder der Betroffene zugestimmt hat. Grundsätzlich geht der Gesetzgeber davon aus, dass die Nutzung personenbezogener Daten unzulässig ist.
- Ein weiterer Grundsatz ist die Aufklärung der Betroffenen. Jeder soll wissen, was mit seinen Daten geschieht. Das Bundesdatenschutzgesetz fordert, dass die Information des Betroffenen rechtzeitig und umfassend sein soll.

Aus Olli: glossar.doc

Moderner Rechtsrahmen für E-Commerce in Deutschland - Gesetz zum Elektronischen Geschäftsverkehr tritt in Kraft

Am 20.12.2001 trat das Gesetz zum Elektronischen Geschäftsverkehr (EGG) in Kraft. Es enthält wichtige Änderungen des Teledienstegesetzes (TDG) und des Teledienstedatenschutzgesetzes (TDDSG). Die neuen Regelungen sind Teil einer umfassenden Überarbeitung des Rechts für die Informations- und Kommunikationsdienste, mit dem die Bundesregierung einen modernen Rechtsrahmen für diesen innovativen Wirtschaftssektor anstrebt. Hierzu zählt neben dem EGG z. B. auch das Signaturgesetz und das Gesetz zur Anpassung der Formvorschriften im Privatrecht, aber auch die Aufhebung von Rabattgesetz und Zugabenverordnung.

Bundeswirtschaftsminister Dr. Werner Müller hierzu: 'Das neue Gesetz schafft ein innovationsförderndes Klima für die Wirtschaft und schützt gleichzeitig die Verbraucher - beides sind wichtige Voraussetzungen für mehr Beschäftigung und Wirtschaftswachstum.'

Das EGG setzt zunächst den wesentlichen Teil der E-Commerce-Richtlinie in Deutschland um. Mit dem Herkunftslandprinzip gilt für in Deutschland niedergelassene Anbieter deutsches Recht, auch wenn sie ihre Dienste im europäischen Ausland erbringen. Dies schafft Rechtssicherheit und erleichtert das Angebot ihrer Dienste im gesamten Binnenmarkt. Die Verbraucher können sicher sein, im elektronischen wie im traditionellen Geschäftsverkehr die gleichen rechtlichen Standards vorzufinden. Darüber hinaus wurde die in Deutschland bisher schon geltende Zulassungsfreiheit und Haftungsprivilegierung für Diensteanbieter gemeinschaftsweit vereinheitlicht: Diensteanbieter werden auch in Zukunft von der Verantwortung für Vorgänge freigestellt, die sie nicht kennen und technisch nicht beeinflussen können.

Gleichzeitig modernisiert das EGG den elektronischen Mediendatenschutz für Teledienste. Der Datenschutz ist ein herausragender Wettbewerbsfaktor und Qualitätserweis für die Unternehmen und eine essentielle Grundlage für das Vertrauen der Verbraucher in die neuen Dienste. Das TDDSG schafft die Voraussetzungen, unter denen Anbieter von Telediensten die personenbezogenen Daten ihrer Nutzer in fairer Weise wirtschaftlich nutzen können. Die neuen Bestimmungen dienen der Klarstellung und einem transparenteren Aufbau des Gesetzes und werden zu einer besseren Handhabung des Gesetzes führen. Insbesondere werden die Instrumente für eine elektronische Einwilligung des Nutzers in die Verwendung seiner personenbezogenen Daten so gestaltet, dass eine breite Anwendung dieses Instruments im elektronischen Geschäftsverkehr gewährleistet wird.

Das EGG folgt der Reform des Rechts der elektronischen Signaturen, das die Voraussetzung für einen sicheren elektronischen Geschäftsverkehr bildet. Es wurde mit dem neuen Signaturgesetz und der neuen Signaturverordnung europaweit vereinheitlicht. Zugleich wurden die Formvorschriften des Privatrechts so angepasst, dass mit Hilfe einer gesetzlichen elektronischen Signatur auch rechtsverbindlich gehandelt werden kann. Damit ist eine rechtliche Gleichbehandlung des elektronischen Geschäftsverkehrs gegenüber der traditionellen Schriftform sichergestellt.

In naher Zukunft wird darüber hinaus auch der Einsatz elektronischer Signaturen im öffentlichen Bereich möglich sein. Damit wird dem Bürger ermöglicht, auch mit der Verwaltung elektronisch zu kommunizieren. Dies wird eine Vielzahl von Behördengängen entbehrlich machen.

Um den Verbraucherschutz auch im E-Commerce voll zur Geltung zu bringen, ist auch die Eigenverantwortung der Wirtschaft zunehmend gefordert, z. B. durch Gütesiegel, Verhaltenskodizes und Verfahren zur alternativen Streitschlichtung.

8. Rabattgesetz (seit August 2001 außer Kraft getreten)

Zustände wie auf einem orientalischen Basar wird es nach der Abschaffung des Rabattgesetzes in Deutschland nicht geben, denn die Wettbewerbsgesetze gelten weiterhin. Das bedeutet, **unlautere Werbung, Preisabsprachen und Dumping-Angebote bleiben verboten.**

Vor rund 70 Jahren wurde das Gesetz damit begründet, unkritische Verbraucher vor einer Irreführung über Preis und Qualität der Angebote zu bewahren. Die Zeiten haben sich geändert, der Verbraucher ist aufgeklärt, das haben jetzt auch die Politiker einsehen müssen.

Die Abschaffung des Rabattgesetzes wird zudem notwendig, weil die EU im **Juni 2000 eine EU-Richtlinie zum E-Commerce** verabschiedet hat. Demnach sind **ausländische Internet-Anbieter künftig nicht mehr an deutsches Recht gebunden. Es gilt das Recht des Landes, in dem der Anbieter seinen Sitz hat.** Der Internet-Anbieter darf damit also - im Gegensatz zu deutschen Unternehmen derzeit - auf dem deutschen Markt mit Rabatten und anderen Vergünstigungen auf Kundenfang gehen, wie sie in seinem Heimatland zulässig sind. Diesen Wettbewerbsnachteil wollte die Bundesregierung für deutsche Unternehmen nicht hinnehmen.

Sicherheit

Lit.: Artikel der Uni Trier

Definition Datenschutz und Datensicherheit:
Datenschutz zielt auf die *Unverletzlichkeit der Privatsphäre* (d.h. z.B. den gläsernen Kunden vermeiden will)
Durch BDSG und TDDSG (Teledienstdatenschutzgesetz) wird geregelt, wer welche Info zu welchem Zweck wie lang speichern, verarbeiten u. ggf. weiterleiten darf.

Datensicherheit zielt auf das *technische Problem des Transfers* personenbezogener Daten ab.
Gewährleistung (v.a. bei online-Zahlungsvorgängen) durch kryptographische Maßnahmen (z.B. mit Hilfe von private keys); Authentizitätsprüfung durch digitale Signatur

Sicherheitsbedürfnisse (am Beispiel: Übermittlung von Kreditkartendaten; vgl. Artikel der Uni Trier)
• Verfügbarkeit der Funktionen eines Systems und seiner Informationen: Daten müssen den Empfänger erreichen
• Vertraulichkeit: Daten können nur vom Sender und Empfänger gelesen werden
• Integrität: Daten werden während der Übermittlung nicht verändert
• Nichtabstreitbarkeit: Empfänger kann sicher sein, dass die Daten vom angegebenen Absender stammen
• Authentizität: Empfänger kann sicher sein, dass der Sender auch wirklich der Eigentümer der Kreditkarte ist

Hemmnisse des E- Commerce aufgrund von fehlendem Datenschutz
Durch (gespeicherte) Angaben lassen sich Rückschlüsse auf Interessenschwerpunkte, Finanzkraft und Zahlungsmoral ziehen und komplexe Nutzerprofile erstellen. Deren Zweck ist es dem Kunden auf seine Person zugeschnittene Werbung zuzusenden und damit Kundenbindung zu

verfolgen sowie Kundenwünsche zu manipulieren. Die dafür angewandten Techniken sind LOG-files, Cookies und Java/Java Scriptprogramme.

Hemmnisse des E- Commerce aufgrund unzureichender bzw. fehlender Datensicherheit

- Umfrage (2002) von Fittkau & Maaß: Sicherheit der Datenübertragung steht im Vordergrund.
- Umfrage von Comcult Research: Sicherheitsbedenken der Nutzer sind die größte Barriere beim Online-Shopping
- Fehlende oder unzureichende Verschlüsselung ist ein häufiger Grund für den Abbruch einer Transaktion
- Beweiserhebliche Vorgänge können nicht oder nur eingeschränkt elektronisch durchgeführt werden (z.B. qualifizierte elektronische Signatur), weil technische Komponenten für die Abwicklung häufig fehlen
- Viele Online-Shops liefern ausschließlich per Vorkasse oder Nachnahme
- Webseiten nutzen häufig erweiterte Browser-Funktionen (z.B. JavaScript, ActiveX oder Cookies)

Schäden aufgrund fehlender Sicherheit (auf Seiten der Unternehmen)
Finanzielle Schäden durch:
- Ausfall der gesamten oder eines Teils der IT-Infrastruktur
- Abgebrochene bzw. nicht stattgefundene Geschäfte (aufgrund nicht erfüllter Sicherheitsbedürfnisse)
- Sicherheitsmängel bei der Anwendung (Ausnutzen einer Schwachstelle durch Betrüger)
- Reputationsverlust (Bekannt werden des Sicherheitsproblems)

Der Imageverlust verursacht in der Regel einen wesentlich höheren Schaden als der Betrugsfall an sich. Deshalb ist es oftmals für ein Unternehmen besser, den entstandenen Schaden hinzunehmen, als eine Anzeige gegen den Betrüger zu erstatten und den Betrug damit publik zu machen.

Konsequenzen (auf Seiten der Untenehmen)
Vielen Unternehmen ist der erhebliche Einfluss der Sicherheit auf ihren Unternehmenserfolg nicht bewusst und führt früher oder später zur Erfolgslosigkeit.
- Der IT-Sicherheit einen hohen Stellenwert einräumen
- Ein Sicherheitsmanagement aufbauen
- Sicherheit der E-Commerce-Anwendungen als Werbebotschaft einsetzen
- Einführung einer Bürgerkarte als digitaler Ausweis mit Signaturfunktion

Hundertprozentige Sicherheit beim E-Commerce wird sich vermutlich nie erreichen lassen, nicht zuletzt, *da Sicherheit kein absoluter, sondern ein subjektiver Wert* ist.
Die empfundene Sicherheit hängt neben technischen Gegebenheiten auch von den Erfahrungen, Präferenzen und Einstellungen des Nutzers ab. So zeigt sich beispielsweise, dass Kunden mit längerer und intensiverer Interneterfahrung ihre Sicherheit beim Online-Shopping höher einstufen (oder

sie als nicht so wichtig erachten), als dies bei eher unerfahrenen Nutzern der Fall ist. Aus diesen Gründen stellt eine wesentliche Anforderung an Zahlungsverfahren im E-Commerce dar, das <u>Vertrauen</u> der einzelnen Nutzer zu erhöhen, indem entsprechende Maßnahmen mit öffentlicher Wirkung unternommen werden.

Gütesiegel / Zertifikate

Europa.eu.int (2004): nur 10 % der Verbraucher sind mit dem Konzept der Gütezeichen vertraut.
http://www.shopinfo.net/ (Repräsentative Studie von tns infratest für initiatived21): Für 76 Prozent der Verbraucher sind Gütesiegel sehr wichtig.

- Siegel helfen dem Verbraucher, sich in der Fülle von Onlineshops zurecht zu finden und einen verlässlichen Anbieter zu finden (<u>Orientierung</u>)
- Die Zertifizierung des eigenen Online-Shops durch einen Dritten stellt eine Möglichkeit dar, einen ersten <u>Vertrauensvorschuss</u> der Kunden zu erlangen.
- Die Bereitstellung umfangreicher Informationen zum Bestellprozess, zur Zahlungsabwicklung und zum Anbieter selbst trägt weiterhin zur <u>Vertrauensbildung</u> bei.
- Shops, die mit einem bestimmten Siegel ausgezeichnet sind, erfüllen aber nicht automatisch alle die gleichen Richtlinien (gilt bei TÜV z.B. hinsichtlich Geld-zurück-Garantie)

2 Beispiele für Siegel:

1. TÜV-Süd S@fer-Shopping-Siegel:
Allgemein: Informationen von TÜV bei weitem nicht so aussagefähig wie bei Trusted Shops - finde ich zumindest...

a) Welche Shops haben dieses Siegel?
- Anzahl: 59 (29.03.2006)
- <u>Reise</u>anbieter: Bahn, Opodo.de, billigweg.de
- Automobil: Reifendirekt, Eurocar
- Versicherungen: Karstadt-Quelle-Versicherungen
- Heim&Freizeit: Otto, Baur, Edeka

b) Bevor diese Shops das Siegel bekommen, überprüft TÜV-Süd:
- ist Bestellabwicklung zuverlässig?
- werden Anfragen ernst genommen?
- sind die persönlichen Daten gesichert?
- ist Zahlungsverkehr sicher? / wird Kunde informiert, wenn Daten an Dritte weitergegeben werden?
- findet sich der Kunde auf der Website zurecht?

c) Was sind die genauen Kriterien von TÜV-Süd Safer-Shopping?

- Geld-zurück-Garantie; allerdings nur, wenn darauf im Speziellen hingewiesen wird
- ansonsten sehr lange Liste... :-(

2. Trusted Shops

a) Welche Shops haben dieses Siegel?
- mittlerweile über 1.400 Shops, davon natürlich auch viele no-name Shops, z.B. Apotheken, Web.de, WDR-Shop, DELL, hess natur, Bahr Bauhaus
- seit 1999: erfolgreichstes Gütesiegel für Shops!

b) Was sind wichtige Kriterien von Trusted Shops?
- Geld-zurück-Garantie (bei Warenrückgabe oder Nicht-Lieferung)
- Streitschlichtersystem, d.h., wenn es zu Problemen kommen sollte, steht eine Service-Team zur Verfügung und vermittelt
- Erstattung der Selbstbeteiligung bei Kreditkartenmissbrauch (allerdings nur 50 Euro), d.h. wenn jemand ohne mein Wissen mit Karte einkauft
- Shop muss eindeutig identifizierbar sein (über "Impressum" finde ich eindeutige Infos zu Name, Adresse, Rechtsform (AG, GmbH), Telefonnummer, Mailadresse etc.
- Anbieter muss über wesentliche Merkmale der Ware informieren
- auf AGBs muss hingewiesen werden und sie müssen lesbar sein, d.h. nicht so kein, dass ich sie nicht erkenne bzw. erst markieren muss
- Waren, die nicht an Jugendliche verkauft werden dürfen, müssen über einen Altercheck verfügen
- Werbung darf nur mit Genehmigung des Kunden verschickt werden
- es müssen die Endverbraucherpreise angezeigt werden (bei Amazon in der Bestellmaske - probiert mal aus - ist das nämlich nicht so; da werden die Versandkosten im Warenkorb nicht angezeigt!)
- Zahlung muss eindeutig/verständlich geregelt sein, v.a. müssen zusätzliche Entgelte gekennzeichnet werden (z.B. Gebühren für VISA)
- bei Widerruf: Kaufpreis muss innerhalb von max. 30 Tagen erstattet werden
- auf Cookies muss hingewiesen werden
- Daten dürfen an Dritte nur weitergegeben werden, wenn Verbraucher zustimmt
- Nutzung von Verschlüsselungstechnologie

c) Vorteile für die Shops:
- helfen den Shops, neue Kunden zu gewinnen und Kunden langfristig zu binden (da sorgenfreier Einkauf für die Kunden und PR-Programm von Trusted Shops)
- Umsatzsteigerung: nach Zertifizierung berichten viele Shops von deutlichen Umsatzzuwächsen; die Kaufabbruchrate wird minimiert (bisher werden viele Warenkörbe vor Kauf wieder geleert, da Verbraucher unsicher ist bzw. misstraut)

3) E-Siegel (allerdings noch nicht realisiert; vom August 2005)
- wurde von Frau Künast vorgeschlagen und sollte europaweit gelten

- vertrauensbildende Maßnahmen wären: Kundenrechte beachten, klare Infos zu: Liefertermine, Bestellbestätigung Anbieter und Preise, Kauf auf Rechnung oder per Bankeinzug

4) Euro-Label - Geprüfter Online-Shop
- ist ein Gütezeichen für E-Commerce in Europa seit 1999; u.a. gemeinsam mit der Verbraucherzentrale entwickelt
- seit 2002 europaweit gültig
- über 300 international geprüfte Shops
- Beispiele: 3suisses.fr, karstadt.de, galeria-kaufhof.de, tchibo.de, vobis.de
- dient v.a. bei europaweiten Transaktionen (wird u.a. in Deutschland, Polen, Frankreich, Italien, Spanien und Österreich angewendet)
- wenn Online-Shop dieses Siegel trägt, dann:
  - Shop ist vertrauenswürdig
  - Verkaufsbedingungen sind klar & auf der Website einsehbar
  - Datenschutzrechte werden eingehalten
  - Möglichkeit eines Streitschlichtungsverfahrens
- grenzt sich von anderen Labeln durch Einhaltung des europäischen Verhaltenskodexes und nationalen Bestimmungen ab

--> welche Bedeutung genau dieses Siegel hat, ist mir noch unklar

Vgl. Script:
Unternehmens-Initiative „D21" hat zusammen mit dem Bundeswirtschaftsministerium u. dem BV Verbraucherzentrale Kriterien für Gütesiegel erarbeitet. Ausgezeichnete Shops verpflichten sich, Preise u. Nebenkosten korrekt anzugeben, über Zahlung, Lieferung und Rückgabe genau zu informieren, Datenschutz u. Datensicherheit zu gewährleisten sowie ein neutrales Schlichtungsverfahren in Streitfällen anzubieten.
- „Webtrust": internationales Siegel, v.a. Dienstleistungsunternehmen

„Zehn goldenen Regeln" als Vorsichtsmaßnahmen beim E-Commerce

1. **Informieren** Sie sich als privater Teilnehmer am E-Commerce so gut es geht **über Ihren Geschäftspartner**, also z.B. den Verkäufer eines Artikels in einer Online-Auktion.

2. Achten Sie bei gewerblichen Händlern auf die so genannte **Anbietertransparenz** und vergewissern Sie sich, dass beispielsweise Kriterien wie –
   a. Identität/Anschrift des Anbieters (=IMPRESSUM: Ein leicht auffindbares Impressum ist wichtig, falls es Fragen zu Produkten oder Probleme bei der Abwicklung des Kaufs gibt. Neben der Telefonnummer sollte das Impressum unbedingt eine Anschrift mit Straße, Hausnummer und Ort enthalten. Wird nur eine Postfachanschrift angegeben, ist Vorsicht geboten.)

18

b. Garantie- und Gewährleistungsbedingungen

c. Rückgabe- bzw. Widerrufsrecht (Das 14-tägige Widerrufsrecht ohne Angabe von Gründen gilt für alle Internet-Einkäufe. Falsche oder defekte Waren können auch bis zu zwei Jahre später noch umgetauscht oder gegen Erhalt des Kaufpreises zurückgeschickt werden. Angaben zu Umtausch- und Rückgaberechten sollten im Bestellverlauf gemacht werden und nicht in den Allgemeinen Geschäftsbedingungen versteckt werden, ansonsten sind Probleme absehbar.)

d. Warenbeschreibung

e. Preis der Ware (Jeder Online-Händler ist verpflichtet, dem Kunden vor Abgabe seiner Bestellung Endpreise inklusive aller Versand- und Zusatzkosten wie Steuern oder Zölle zu nennen.)

f. Zeitpunkt über das Zustandekommen des Vertrages

g. Lieferbedingungen inklusive Versandkosten (Angaben zur Lieferzeit sollten leicht auffindbar, präzise und widerspruchsfrei sein. Werden keine angegeben, muss der Händler die Ware sofort liefern. Bei Unklarheiten sollte im Vorfeld eine schriftliche Bestätigung des Liefertermins verlangt werden, damit das Weihnachtsgeschenk nicht erst zu Ostern eintrifft.)

h. Zahlungsmodalitäten (Am sichersten ist die Zahlung erst nach Erhalt der Ware, das heißt auf Rechnung oder per Nachnahme. Viele Anbieter verlangen jedoch Vorkasse durch Überweisung oder Kreditkartenzahlung. Dann sollten Kunden aber darauf achten, dass der Online-Händler durch Drittanbieter wie den eBay-Treuhandservice abgesichert ist oder ein unabhängiges Gütesiegel vorweisen kann. Bei Internet-Auktionen sollte zumindest bei größeren Summen ein Treuhandservice und keinesfalls einen Bargeld-Transferservice genutzt werden.)

i. Vertragsmindestlaufzeiten

j. Gültigkeitsdauer im Falle befristeter Angebote

k. AGBs allgemein (sollten auf den Seiten des Internet-Shops oder der Auktion leicht auffindbar sein, ansonsten ist Misstrauen angebracht.

3. Prüfen Sie insbesondere solche Angebote ganz genau, bei denen Sie in **finanzielle Vorleistung** treten müssen.

4. Informieren Sie sich auf den Internet-Seiten von **Verbraucherschutzverbänden, privaten Vereinen, speziellen Diskussionsforen und Computerzeitschriften oder auch dem Sicherheitsportal von eBay** über mögliche Risiken.

5. Achten Sie auf Ihr **Rückgaberecht**. Nach *den Vorschriften für Fernabsatzverträge* kann ein Kaufvertrag, der zwischen einem gewerblichen Händler mit einem Verbraucher geschlossen wurde, innerhalb von **zwei Wochen** widerrufen oder die Ware zurückgeben werden.

6. Die **Zwei-Wochen-Frist beginnt**, nachdem dem Verbraucher die Belehrung über sein Widerrufsrecht zugegangen ist bzw. wenn er die Ware zu Hause erhalten hat. Hat der Verkäufer dem Käufer die Belehrung über sein Widerrufsrecht nicht zukommen lassen, verlängert sich die Frist auf sechs Monate. Das gilt auch für Waren, die auf Internet-Auktionen von Gewerbetreibenden (nicht von privat) ersteigert werden.

7. Achten Sie auf die **Bezahlmöglichkeiten** des Online-Geschäfts. Geben Sie der Zahlung per *Rechnung, Überweisung oder Bankeinzug* den Vorzug vor Kreditkartenzahlung oder Nachnahme.

8. Informieren Sie sich über **Zusatzkosten**. Händler aus *Nicht-EULändern* müssen nur mitteilen, dass Zusatzkosten wie *Steuern oder Zoll* anfallen können, aber nicht, wie hoch diese im Einzelfall sind. Lediglich die genauen *Versandkosten* müssen immer genannt werden.

9. Achten Sie auf **technische und Datensicherheit**: Anbieter sollten *eine verschlüsselte Datenübertragung* ermöglichen. Meist geschieht dies mit dem Verschlüsselungsverfahren *„SSL".* Erkenntlich ist dies an dem „s" hinter dem http:// in der Adresszeile des Browsers oder einem kleinen Schloss in der Statusleiste des Internetbrowsers und weiteren visuellen Hinweisen, dass eine gesicherte Verbindung zu dem Anbieter besteht.
Auch weitere persönliche Daten wie die Adresse dürfen nur für die Bestellabwicklung verwendet werden. Eine Nutzung zu anderen Zwecken ist nur mit ausdrücklicher Einwilligung des Kunden zulässig.

10. Tritt trotz aller Bemühungen ein **Schadensfall** ein, zeigen Sie den Sachverhalt sofort bei der *Polizei* an!

Ergänzung:
Möglichst Shops mit **Gütesiegeln** nutzen: Ein Gütesiegel ist ein Hinweis darauf, dass der Händler vertrauenswürdig ist. Eine Aufstellung anerkannter Gütesiegel wie Trusted Shops oder internet privacy standards findet sich unter www.internet-guetesiegel.de.

Zahlungsmodalitäten im Internet

Grundlegender *Zielkonflikt* zwischen Kunden und Händlern: Keiner der beiden Transaktionspartner möchte bei einem Geschäft in Vorleistung treten. Daher möchten Kunden lieber per Rechnung bezahlen, während Händler die Vorauskasse bevorzugen.

1. Macropayment

1.1 Kreditkarte
- Nutzer gibt Kreditkartenr. mit Gültigkeitsdatum in Formularfeld auf der Händlerseite ein
- Kontodaten werden online an den Zahlungsempfänger übermittelt
- Gefahr des Abfangens und Missbrauchs der Kartendaten bei deren unsicheren Übertragung durch das offene Netz (Problem/Notwendigkeit der Verschlüsselung)
- → daher sollte der Händler als Minimum der vertrauensbildenden Maßnahme die SSL-Verbindung (Secure-Socket-Layer) zur Übermittlung von Kreditkartendaten anbieten.

- nur einige Unternehmen haben aber ein Datenverschlüsselungssystem (SET), da diese technisch sehr aufwendig und teuer sind
Darüber hinaus kann die Abrechnung über das SET-Protokoll (Secure Electronic Transaction) erfolgen, dass wohl ausgereifteste Verfahren unter den Kreditkartensystemen. Hier werden Kunde und Händler eindeutig über Zertifikate identifiziert, was beiden Seiten maximale Sicherheit bietet. Die Installation des SET-Systems ist mit hohen Anfangsinvestitionen von Händlerseite verbunden.
- Käufer: einfach und schnelle Bezahlart; Konto wird einmal monatlich mit allen gesammelten Beträgen belastet; Dispokredit kann genutzt werden; Möglichkeit der Stornierung
- Voraussetzung: Konto, Kreditkarte

- Verkäufer: bei Rückbuchung gehen hohe Kosten zu Lasten des Händlers oder werden von der Kreditkartengesellschaft gedeckt; Fernabsatzgesetz regelt, dass die Beweislast beim Einkauf mit Kreditkarte beim Händler liegt

1.2 Offline Zahlung
Nachnahme
= Bezahlung erfolgt zum Zeitpunkt der Lieferung per Barzahlung oder Scheck
- Käufer: bezahlt ohne die Ware prüfen zu können
- Anbieter: bekommt bei der Auslieferung Geld
- Voraussetzung beim Käufer: Bargeld oder Scheck
- Nachteil können z.T. recht hohe Gebühren sein
- Bsp. Ikea
- Risikobewertung: Händler und Konsument teilen sich Risiken und Bequemlichkeit.

Rechnung
= Zahlungsfrist innerhalb von 14 Tagen per Überweisung (oder Scheck?)
- Käufer: am bequemsten und sichersten
- Verkäufer: gibt Vorleistung, Risiko bei Nicht-Bezahlung
- Voraussetzung beim Käufer: Konto zur Überweisung
- Bsp. Otto und viele andere
- Risikobewertung: für Online-Käufer am bequemsten und sichersten. Für Händler hohes Vorleistungsrisiko.

Vorauskasse
= Bezahlung vor Auslieferung der Ware per Überweisung. Verkäufer verschickt Ware, sobald das Geld da ist
- Käufer: hat Vorleistungsrisiko
- Verkäufer: für ihn am sichersten
- Voraussetzung beim Käufer: Konto zur Überweisung
- Bsp.: ebay
- Risikobewertung: höchste Sicherheit für Händler. Für Online-Käufer hohes Vorleistungsrisiko.

1.3 Bankeinzug (Einzugsermächtigung oder Inkasso-System)

= Dem Verkäufer werden bei der Bestellung persönliche Daten wie Bankleitzahl, Kontonummer und Inhaber mitgeteilt, und er kann durch eine ebenfalls gegebene Bankeinzugsermächtigung den Rechnungsbetrag einholen lassen.

- Um den Käufer zu schützen, ist der Bankeinzug 6 Wochen ab Rechnungsstellung revidierbar und eine Rückbuchung möglich
  - (? Internet-Lastschriften mit dem SET-Protokoll ermöglichen eine Verschlüsselung der Daten, außerdem kann die Identität des Kunden durch ein Zertifikat nachgewiesen werden – als digitaler Ersatz für seine Unterschrift?)
  - Käufer: Zahlungsbeträge werden auf dem Konto unmittelbar belastet, im Gegensatz zur Kreditkarte
  - Verkäufer: recht gute Sicherheit, allerdings besteht für ihn Nachweispflicht (bzgl. tatsächlicher Bestellung)
  - Voraussetzung beim Käufer: Konto
  - Die Problematik des Einzugsverfahrens besteht in der Nachweisbarkeit korrekter Kontoangaben und der Deckung des Kontos.

Risikobewertung: Online-Kunde geht Vorleistungsrisiko ein. Darüber hinaus ist das Mittler-Verfahren relativ umständlich. Der Händler hat bei beiden Verfahren hohe Zahlungssicherheit. Allerdings sind Anfangsinvestitionen beim SET-Verfahren und Einnahmenverringerung beim Mittler-Verfahren einzukalkulieren.

2. Micropayment (Geldbeträge von bis zu 10 Euro)

2.1 Inkasso-Systeme
= Geld des Käufers wird über ein unabhängiges Inkassounternehmen eingezogen / = Geldeinzug durch Dritte
- Der Konsument kann bei verschiedenen Händlern kaufen (Firstgate ist z.B. bei Amazon und Musicload), die Rechnung kommt monatlich einmal von der Institution´
- Inkassounternehmen: z.B. Firstgate / Click&Buy (= Inkasso über Konto-Lastschrift), Net900 (= Inkasso über Telefonrechnung)

2.2 Elektronisches Geld = Cyber Cash
= elektronisches Bezahlen geringer Geldbeträge (hier gibt es unterschiedlich Angaben: entweder max. 5 € oder max. 10 €)
- Meist digitale Güter, wie Pressemitteilungen als pdf-files (z.B. einzelne Testberichte von Stiftung Warentest)
- Sinn: Wirtschaftlichkeit des Geldtransfers – es ist quatsch für jeden kleinen Geldbetrag eine Rechnung zu verschicken
- Verzicht auf große Sicherheitsmechanismen: im Falle eines Verlustes gehen nur kleine Geldbeträge verloren.
- Beispiel: webcent.de

2.3 Geldkarte / SmartCard / Vorausbezahlte Zahlungssystemen / Virtuelle Geldbörse
Vorausbezahlende oder guthabenbasierte Bezahlverfahren, z.B. Smart-Cards leiden vor allem an der geringen Akzeptanz durch den Online-Käufer. Die Mehrheit der Kunden lehnt diese Art der Bezahlung im

Internet ab. Das Verfahren sieht vor, dass der Kunde in Vorleistung geht. Darüber hinaus ergeben sich software- oder hardwareseitige Zusatzaufwendungen seitens des Kunden, z.b. wird ein Kartenlesegerät benötigt. Die Akzeptanz durch den Kunden ist daher gering. Risikobewertung: die sicherste Methode für den Händler, da auch Banken eine Zahlungsgarantie bieten. Der Online-Kunde geht ein finanzielles Vorleistungsrisiko verbunden mit weiteren technischen Vorleistungen ein.

www.micromoney.de
Gibt's so was wie Smart-Cards überhaupt noch?

2.4 Treuhandkonto (z.B. ebay Treuhandservice: www.ebay.de)

- Verkäufer und Käufer müssen dem Treuhandservice zustimmen
- Käufer hat zwei Tage Zeit, die erhaltene Ware auf Mängel und Vollständigkeit zu überprüfen
- Meldet der Käufer einen Mangel an der Ware, behält iloxx den Verkaufspreis ein und fordert beide Parteien auf, sich innerhalb von 30 Tagen darüber zu verständigen, was mit der Ware und dem Geld geschehen soll und wer welche Kosten trägt. Erst nachdem sich Käufer und Verkäufer geeinigt haben, wird das Treuhandverfahren gemäß den gemachten Anweisungen fortgesetzt.
- Meldet der Käufer nach Ablauf von zwei Tagen keine Mängel, wird der Verkaufspreis (inkl. eventueller Versand- und Verpackungskosten und abzüglich der Treuhandgebühr) an den Verkäufer überwiesen.

Vorteile für Verkäufer

- Erhöhung der Vertrauenswürdigkeit
- Verbesserung der Verkaufschancen durch Transparenz
- Sicherung des Zahlungseingangs

Vorteile für Käufer

- Schutz vor Falschlieferung
- Verwahrung des Kaufbetrags bis zum Erhalt der Ware
- Möglichkeit der Prüfung der Ware

PayPal von ebay
Dazu hat Olli bestimmt noch Infos

Kein Zahlungssystem hat es bisher geschafft, sich als Standard zu etablieren. Lediglich bei der Kreditkartenabrechnung ist das SET–Verfahren ausgereift und erste Wahl.

<u>Online-Banking</u>

Voraussetzungen für eine häufigere Nutzung des E-Commerce

<u>Anforderungen der Händler</u>:
* Zahlungssicherheit und Finalität der Zahlung
* Niedrige Kosten bei Implementation und Betrieb
* Technische Aspekte: Skalierbarkeit, Integrierbarkeit, Verfügbarkeit
* Hohe Verbreitung
* Unterstützung enger Kundenbeziehungen

<u>Anforderungen der Kunden</u>:
* Zugang (Nutzung des Internets liegt in Deutschland bei etwas mehr als der Hälfte der Bevölkerung)
* (Empfundene) Sicherheit
* Vertrauen
* Einfache Handhabung
* Breite Akzeptanz
* Niedrige Kosten

Von der Polizeiseite

Die Gefahren des Internet-Handels
- Fragen zum Schutz personenbezogener Daten bei der Abwicklung von Geschäftsvorgängen (insbesondere beim Zahlungsverkehr)
- teilweise unklare Rechtslagen
- unzureichender Kenntnis über den sachgemäßen Umgang mit den notwendigen Computerprogrammen
- fehlendes Problembewusstsein

<u>Die krummen Touren der Online-Ganoven</u>
- Betrugsdelikte, vor allem auch im Rahmen des Bezahlvorgangs.
- Verstöße gegen das Urheber-, Marken- und Wettbewerbsrecht
- Fälschungsdelikte
- Verstöße gegen das Arzneimittelgesetz (etwa durch den Verkauf gefälschter Medikamente)
- Verbreitung von Pornografie sowie sonstiger i. d. Z. hierzulande verbotener Dienstleistungen und Waren
- Hehlerei (etwa Angebote von gestohlenen Gütern oder Raubkopien von Software über
   Online-Auktionen)
- Verstöße gegen das Datenschutzgesetz

Unternehmen können besonders geschädigt werden durch

- Computersabotage (Service-Attacken, mit denen Unternehmensrechner zum Erliegen
  gebracht werden oder auch durch Viren, Würmer oder Trojaner)
- Datenmanipulation
- Datenspionage sowie
- Betrug (Vorspiegelung einer Zahlungsabsicht des Kunden).

Tipps und Verhaltensweise
1) für Käufer
Kaufen Sie Anbietern nicht alles ab:
- stets der möglichen Risiken bewusst sein und nicht zu "blauäugig". Bei allzu großen
  Schnäppchen eher misstrauisch sein.
- informieren auf Internet-Seiten von Verbraucherschutzverbänden, privater
  Vereine oder speziellen Diskussionsforen und Computerzeitschriften über mögliche
  Risiken.
- Basissicherheit: Virenscanner mit Echtzeitschutz („Virenwächter") und eine Firewall. Konfiguration des Browsers E-Mail-Programms entsprechend dem persönlichen Sicherheitsbedarf
- keine „zweifelhafte" Software installieren (insbesondere Raubkopien oder aus
  Tauschbörsen)
- Informieren "so gut es geht" über Ihre Geschäftspartner / Unternehmen
- genaues Prüfen von Angeboten mit (finanzieller) Vorleistung
- sichere Zahlungs- und Kommunikationssysteme
- Schulungsangebote zur Internet-Nutzung wahrnehmen (auch über Handbücher,
  Fachzeitschriften, Bankeninformationen u.ä.)

Hier ein paar Anektdötchen für Herrn Roland ☺, die ich im Netz gefunden habe, allerdings in diesem Fall aus Sicht der Unternehmen:
Wenn es darum geht, sich vor der Bezahlung zu drücken, entwickeln manche Konsumenten ungeahnte Kreativität. Einige Beispiele:

- Kunden benennen zwar real existierende Adressen, wohnen aber selbst nicht dort, fangen die Ware ab und verschwinden unerkannt.
- Oder sie zahlen per Bankeinzug, stornieren aber nach kurzer Zeit und lösen dann ihr Bankkonto auf.
- Oder sie geben bei der Bestellung falsche oder gestohlene Kreditkartennummern an.